Und ich stehe
wieder auf

wickelt
stellt, stirbt auf   eine andere Weise.

---

mit-

i

junge

Rubik's Cube; 1974 von dem ungarischen Bauingenieur und Architekten Ernö Rubik entwickelt.

[4] Als Kartäuserkatze oder damals auch Karthäuser-Katze wurden etwa seit dem 18. Jahrhundert grau-blaue Langhaarkatzen bezeichnet, die wie die Malteserkatze den historischen langhaarigen Angorakatzen, nach BREHM Felis maniculata angorensis zugeordnet wurden, da sie eine Besonderheit unter den gewöhnlichen Katzen darstellten.

Die britisch Kurzhaar ist eine Rasse, die der Karthäuser sehr ähnlich ist, jedoch unterscheiden sie sich in Augen und Fellfarbe.

[5] Der Kanton Baselland liegt im Nordwesten der Schweiz. Flächenmäßig gehört er eher zu den kleineren Kantonen. Seine Bevölkerungsdichte liegt im Durchschnitt bei 206 Einwohner auf einen km^2, was ihn zu den dichter besiedelten Kantonen gehören lässt. Nördlichster Kanton ist Baselstadt. 1833 trennten sich Basel und Baselland. Aus einem Kanton wurden zwei Halbkantone.

als ich in der Schweiz
ankam. M

◆

◆

◆

◆

Zeitfracht Medien GmbH
Ferdinand-Jühlke-Straße 7
99095 Erfurt, Deutschland
produktsicherheit@kolibri360.de